Claude COCHIN

Ancien Membre de l'Ecole française de Rome

LA
CHAPELLE FUNÉRAIRE
DES ARNAULD

A SAINT-MERRI DE PARIS

ET LE

TOMBEAU DU MARQUIS DE POMPONNE

Par Bartolomeo RASTRELLI

PARIS

HONORÉ CHAMPION, LIBRAIRE-ÉDITEUR

5, Quai Malaquais, 5

—

1912

LA CHAPELLE FUNÉRAIRE DES ARNAULD

À SAINT-MERRI DE PARIS

ET

LE TOMBEAU DU MARQUIS DE POMPONNE

Claude COCHIN

Ancien Membre de l'Ecole française de Rome

LA
CHAPELLE FUNÉRAIRE
DES ARNAULD
A SAINT-MERRI DE PARIS

ET LE

TOMBEAU DU MARQUIS DE POMPONNE

PAR BARTOLOMEO RASTRELLI

PARIS

HONORÉ CHAMPION, LIBRAIRE-ÉDITEUR

5, QUAI MALAQUAIS, 5

1912

CHAPELLE FUNÉRAIRE DES ARNAULD

A SAINT-MERRI DE PARIS

ET LE

TOMBEAU DU MARQUIS DE POMPONNE

Par Bartolomeo RASTRELLI [1]

————— ❖ —————

I

Histoire de la Chapelle

L'église Saint-Merri de Paris fut entièrement reconstruite au cours du xvie siècle. Les travaux se poursuivirent avec une lenteur et un désordre extrêmes dus aux incessantes disputes entre chanoines, curés et marguilliers. Saint-Merri était à la fois paroisse et collégiale. Une transaction péniblement obtenue permit aux marguilliers d'entreprendre vers 1530 la construction du chœur actuel. La nouvelle nef occupant l'emplacement entier de l'ancienne église, ils durent acquérir les terrains contigus. François Ier leur octroya par lettres-patentes la ruelle qui rejoignait la rue de la Verrerie et la rue Taille-pain [2]. Des

1. Je veux exprimer en commençant ma profonde gratitude à Madame la duchesse de La Motte-Houdancourt, héritière des Arnauld, qui a bien voulu m'ouvrir les archives de son château du Fayel (Oise), où j'ai puisé les éléments de ce travail.

2. Il existe aux archives de l'ancienne fabrique de Saint-Merri un résumé très précis de la construction de l'église, fait d'après des documents aujourd'hui perdus. Ce résumé écrit vers 1725 sous forme de *Mémoire pour les marguilliers de Saint-Merri... contre les chanoines*, a été publié par M. l'abbé BALOCHE. *Eglise Saint-Merri de Paris. Histoire* (Paris, 1912).

paroissiens dévots donnèrent les immeubles voisins. Les travaux furent terminés en 1551 [1].

A la place des maisons abattues, furent bâties les chapelles rayonnantes du chœur, dont la propriété était cédée par une sorte de contrat bilatéral à chacun des donateurs. C'est ainsi que le 6 avril 1544, Pierre Chevalier acquit un droit héréditaire sur une chapelle dont les fondations étaient à peine jetées, pour le récompenser du don de plusieurs maisons et d'une somme d'argent.

Pierre Chevalier, seigneur d'Eprune, greffier de la Chambre des Comptes et secrétaire du roi [2], se trouve donc être l'auteur de cette chapelle qui sera appelée au siècle suivant *chapelle des Arnauld*. Elle est située à droite du chœur, dans le déambulatoire, la troisième après le transept. Elle est contiguë au passage de la sacristie. Le contrat primitif nous apprend qu'elle fut bâtie en 1544 [3].

Selon l'usage commun, Pierre Chevalier reçut une double prérogative. Le possesseur du droit de chapelle détient d'une part le fonds, puisqu'il est autorisé à creuser sous le dallage un caveau de famille ; il est maître, en outre, de la surface, puisqu'il établit dans la chapelle un banc privé d'où il peut assister aux offices célébrés dans le chœur. Le titre de fondateur cessible et transmissible conférait aussi le privilège de clore la chapelle par une grille [4] et d'étaler sur ses murs une litre de velours noir armorié.

Le seul héritier de Pierre Chevalier fut Guy Arbaleste, vicomte de Melun et de Corbeil, président en la Chambre des Comptes, qui avait épousé le 21 octobre 1540 Madeleine Chevalier, fille de Pierre. La famille Arbaleste garda

---

1. Le mémoire cité nous apprend que la quittance du charpentier pour le comble du chœur est du 2 janvier 1552.

2. Cf. *Catalogue des actes de François Ier*, t. V, p. 777. Eprune, commune de Reau, canton de Brie-Comte-Robert (Seine-et-Marne).

3. Voir le résumé de ce contrat, appendice I.

4. Les chapelles de Saint-Merri furent closes jusqu'à la fin du xviie siècle par de « grosses grilles en bois ». Cf. BALOCHE, *op. cit.*, t. I, p. 417.

peu d'années la chapelle et ne semble pas avoir fait usage du caveau [1]. Les 15 mars et 21 septembre 1595, Guy, François et Charles Arbaleste cédèrent à Simon Marion leur maison sise rue de la Verrerie et leur chapelle [2].

Par son mariage avec Catherine Pinon, Simon Marion, l'illustre avocat général, se trouvait déjà propriétaire de la maison voisine située au coin de la rue de la Verrerie et de la rue du Renard. Il mourut en 1605. Sa succession comprenait donc les deux maisons de la rue de la Verrerie, dont l'une accompagnée du droit de chapelle cédé par les Arbaleste. Ses deux enfants héritèrent. Son fils Simon, baron de Druy [3], eut la maison formant l'angle de la rue du Renard ; sa fille Catherine, mariée au grand avocat Antoine Arnauld, obtint l'autre maison. La chapelle resta indivise entre les deux familles.

Les Marion ne gardèrent leur part que jusqu'en 1640. Simon étant mort en 1628, ses enfants Claude et Robert héritèrent. A la suite d'un drame de famille qui reste aujourd'hui très obscur [4], ils vendirent leur maison le 27 mars 1640 à un certain Nicolas Berlaut, avec la moitié du droit de chapelle [5]. Les créanciers de l'acquéreur, l'ayant saisie quelques années après, l'adjugèrent en 1654 à Marie Pinon, veuve de Gilles Aubery, qui en fit don le 6 mars 1657, avec le droit de chapelle, à sa fille Marie Aubery, marquise de Roucy. La marquise de Roucy avait

1. Guy Arbaleste eut comme enfants François, gentilhomme de la Chambre, Charles, époux de Louise Boucher d'Orsay, Charlotte, qui fut la célèbre Madame de Mornay et un autre Guy (voir une bonne généalogie à la BIBL. NAT., *dossiers bleus* 28). Leur tombe familiale était située dans l'église Saint-Pierre de Beaune.

2. Voir Appendice I.

3. Druy (Nièvre), canton de Decize. Les Marion tiraient leur origine d'une famille notariale de Nevers, récemment anoblie.

4. Cf. Abbé ARNAULD, *Mémoires*, éd. 1756, t. II, p. 146.

5. M. Hartmann, qui a étudié en détail (*La Cité*, t. III, p. 454) l'histoire de la rue du Renard, a ignoré cette vente de 1640 ; M. Delavaud dans son remarquable ouvrage sur *Le marquis de Pomponne* (1911), p. 213, pense, lui aussi, que la maison passa directement des Marion à Madame Aubery. Notre appendice I rétablit les faits.

eu de son premier mariage avec Jean Angran une fille Marie qui épousa Philippe de Boran, marquis de Castilly. Madame de Castilly vendit le tout en 1729 au sieur Branlard, marchand faïencier[1].

Les Arnauld ne jouissaient donc que d'une moitié des droits de banc et de caveau dans la chapelle de Saint-Merri. On imagine difficilement comment un tel partage pouvait être toléré. Il ne semble pas, à vrai dire, qu'ils aient jamais eu à subir les désagréments d'une fréquentation journalière et d'un voisinage posthume avec des étrangers — souvent des inconnus. En l'absence de documents nous sommes en droit de croire qu'ils acquéraient par location la faculté dont leurs voisins pouvaient faire usage. Les listes d'inhumation de Saint-Merri, examinées récemment[2], prouvent que la chapelle n'a servi de tombe qu'aux Arnauld, sauf toutefois à Simon Marion, auteur du droit. Les Angran et les Aubery dont le nom revient si souvent dans l'histoire de Port-Royal et de la société janséniste[3], purent se prêter à une entente — d'autant mieux que les Aubery possédaient en propre à Saint-Merri une chapelle familiale où ils furent inhumés en grand nombre[4].

Il est donc certain que la part reçue par Catherine Marion et ses héritiers fut seule effective et que, pour une raison ou une autre, cette moitié de chapelle fut équivalente au tout. C'est ainsi que les Arnauld purent la considérer comme vraie tombe de famille. Catherine Marion

1. La maison d'angle de la rue du Renard passa par la suite aux mains de divers propriétaires dont les Crillon et les Caraman (DELAVAUD, *op. cit.*, p. 217, qu'il y aurait lieu de compléter par les renseignements contenus dans le censier de Saint-Merri aux *Arch. Nat.*, S 920, p. 247). Nous perdons toute trace du droit de chapelle qui y était joint, depuis 1729. Il est très possible que l'abbé de Pomponne, si jaloux de ses souvenirs familiaux, l'ait alors racheté au faïencier.

2. Par l'abbé Baloche dans son histoire de Saint-Merri.

3. Cf. DELAVAUD, *op. cit.*, p. 214.

4. Cette chapelle n'était séparée de celle des Arnauld que par le passage de la sacristie (cf. BALOCHE, *op. cit.*, t. II, p. 452).

et son époux Antoine Arnauld y dormirent leur dernier sommeil. Parmi les enfants nés de cette union féconde et illustre, la Mère Angélique et la Mère Agnès reposèrent à Port-Royal, Henri dans sa cathédrale d'Angers, Antoine, en exil à Bruxelles. Ils avaient laissé leur maison et la chapelle à Robert Arnauld d'Andilly qui y fit ensevelir le corps de sa femme Catherine de La Boderie [1]. Retiré du monde, Robert désira ne pas quitter, après sa mort, la terre sainte de Port-Royal.

Par son contrat de mariage en 1660, Simon avait reçu de son père [2] Arnauld d'Andilly la maison de la rue de la Verrerie et ses appartenances. Bientôt marquis de Pomponne et secrétaire d'Etat, il se lassa de la vieille demeure familiale toute voisine du tombeau de ses ancêtres, en pleine atmosphère janséniste [3]. Un quartier moins démodé et un pignon moins bourgeois convenaient mieux à sa haute situation. Son choix s'arrêta en 1672 sur un luxueux hôtel de la rue des Fossés-Saint-Jacques qui fera partie quelques années plus tard de la place des Victoires [4].

C'était changer de paroisse. On remarque qu'une de ses filles morte en bas âge fut inhumée à Saint-Eustache le 1er octobre 1674 dans un lieu dit « chapelle de la famille » [5]. L'expression peut surprendre, car la chapelle de Saint-Merri gardait le même titre. Cette contradiction s'explique parce que Nicolas Ladvocat et Marguerite Rouillé, père et mère de la marquise de Pomponne, habi-

---

1. Le 24 août 1637 (DELAVAUD, p. 134).

2. DELAVAUD, p. 221.

3. « Dès lors qu'il y avoit une maison vacante dans la paroisse, écrit le P. Rapin (*Mémoires*, t. II, p. 287) on la louoit pour jansénistes ». Sur les curés jansénistes qui se succédèrent à Saint-Merri, notamment Hillerin et Du Hamel, cf. RAPIN, *ibid.*, t. I, p. 360, SAINTE-BEUVE, *Port-Royal*, t. II, p. 544 et suiv., BALOCHE, *op. cit.*, t. I, p. 288.

4. DELAVAUD, p. 109.

5. DELAVAUD, p. 139. Deux enfants morts jeunes du second marquis de Pomponne y reposèrent aussi (p. 143).

taient rue Plâtrière et possédaient une chapelle que le
livre des fondations de Saint-Eustache dit être celle de
Sainte-Marguerite [1].

Pomponne conservait toujours une vénération parti-
culière pour Saint-Merri. Sa dépouille prit place à côté de
celle de ses ancêtres. Avant de le rejoindre dans le même
tombeau, sa femme fit ériger par Bartolomeo Rastrelli le
somptueux monument dont nous allons entreprendre la
description.

Nicolas Simon, second marquis de Pomponne, y rejoi-
gnit ses parents en avril 1737 [2] et sa femme Constance de
Harville de Paloiseau voulut, par testament, « être enterrée
à Saint-Merry dans la sépulture de Messieurs de Pomponne » [3].

Le caveau s'ouvrit une dernière fois, le 27 août 1756,
pour le dernier des Arnauld, l'abbé de Pomponne [4].
Bien qu'il n'habitât pas la paroisse — son hôtel était rue
Saint-Augustin — il s'intitulait « premier marguillier
d'honneur » de Saint-Merri [5]. Pendant toute sa vie il avait
trop diligemment travaillé à glorifier ses ancêtres pour
ne pas désirer être réuni dans la mort à leurs cendres.
Avec l'abbé de Pomponne s'éteignit la descendance
masculine des Arnauld. Le Dieu des jansénistes préféra

---

1. Contrat en date du 17 septembre 1653 portant fondation de
messes en la chapelle Sainte-Marguerite de l'église Saint-Eustache
par « Nicolas Ladvocat, conseiller du Roy en ses conseils, maître
ordinaire en sa chambre des comptes, secrétaire de S. M., maison et
couronne de France... en son nom et à cause de Marguerite Rouillé
son espouze » (*Arch. nat.*, LL 723, fol. 279).

2. DELAVAUD, p. 127 et 228.

3. DELAVAUD, p. 266. Le seul de ses enfants qui ait survécu, Catherine, marquise de Gamaches, fut inhumée au Carmel de Saint-Denis
(p. 142).

4. Henri Charles Arnauld, abbé de Saint-Médard de Soissons. A
la mort de sa mère en 1712, ce fut lui qui hérita de la maison de la
rue de la Verrerie et non Nicolas-Simon (DELAVAUD, p. 258).

5. Voir la lettre de faire-part de sa mort dans DELAVAUD, p. 90 et
ibid., p. 289.

anéantir sa race de prédilection plutôt que de la voir infidèle [1].

La petite nièce de l'abbé, Constance, comtesse du Rumain, hérita de ses biens [2]. La maison familiale d'Antoine Arnauld, d'Arnauld d'Andilly, après avoir servi tour à tour de bureau pour les carrosses et d'établissement de bains, tomba enfin aux mains d'un marchand de lits mécaniques [3].

Toutes les anciennes familles parlementaires avaient, elles aussi, quitté le quartier en laissant à l'abandon leurs chapelles héréditaires. Les Potier, les Hennequin, les Ganay, les Feydeau disparaissent ou préfèrent vivre plus près du Louvre. Le rapport du marguillier de 1759 à l'assemblée de la paroisse, énumère toutes ces désertions [4]. Il constate que la neuvième chapelle, dite chapelle des Arnauld, reste toujours vide et il écrit :

« On pourroit peut-être avoir la permission de la louer, la famille n'y venant jamais » [5].

Et cependant — nous allons le voir — la première marquise de Pomponne n'avait rien épargné pour en faire une œuvre d'art célèbre.

1. A cause de la conduite peu courageuse du second marquis de Pomponne lors de la destruction de Port-Royal.

2. DELAVAUD, p. 224. La maison avait été louée à divers propriétaires depuis que Pomponne l'avait quittée en 1672. Madame du Rumain la vendit en 1770.

3. On lit dans *L'état actuel de Paris ou le provincial à Paris* (1789) : « Rue de La Verrerie. Hôtel Pompone ; lit mécanique qui donne aux malades privés de l'usage de leurs membres toutes les positions dont ils peuvent avoir besoin. Chez M. Blot ».

4. *Arch. Nat.*, H⁵ 4519. Il est regrettable que M. Baloche n'ait pas publié, intégralement et sans adjonctions, cet intéressant document.

5. BALOCHE, *op. cit.*, t. II, p. 448.

II

Le Tombeau

Haut et puissant seigneur Simon Arnauld, marquis de Pomponne, ancien ambassadeur et secrétaire d'Etat des Affaires Etrangères, mourut à Fontainebleau le 26 septembre 1699 [1]. Son corps fut transporté à Saint-Merri le 6 octobre [2]. La marquise de Pomponne voulut honorer cette mémoire chère par un mausolée digne d'un grand ministre. Elle savait que les successeurs du cavalier Bernin avaient poussé à l'extrême les goûts magnifiques du maître. Mais s'il lui convenait d'entourer avec splendeur des cendres aussi illustres, Madame de Pomponne restait bonne ménagère et craignait la dépense [3]. Elle s'adressa à un sculpteur italien complètement inconnu, Bartolomeo Rastrelli.

Les origines de cet artiste qui fournira par la suite une si brillante carrière sont obscures. Les archives du Fayel apprennent du moins qu'il était de Florence et chevalier de Saint-Jean de Latran. Un nom que nous trouvons en passant dans les actes jette quelque lumière sur les débuts de sa fortune. C'est un revenant des âges passés, le vieil Atto Melani, l'un de ces scaramouches diplomates pour

1. Delavaud, p. 17.
2. Il avait légué son cœur à l'église de Pomponne (Delavaud, p. 246).
3. « C'étoit une femme avare et obscure », écrit Saint-Simon (*Mémoires*, éd. Boislisle, t. VI, p. 351). Elle était, par ailleurs, douée de très solides qualités.

lesquels Mazarin professait une indulgence excessive[1]. Le
cardinal l'avait trouvé sur une scène d'opéra comme
chanteur. Louis XIV l'attacha à son ambassade de Rome.
Il y resta longtemps à titre d'agent officieux au nombre
des espions à gages qui dérobent les lettres et savent
écouter utilement aux portes. Le roi le récompensa en lui
donnant l'abbaye cistercienne de Beaubec au diocèse de
Rouen : le pape en refusa les bulles[2].

Ce personnage bigarré, avec lequel Pomponne ministre
avait eu de fréquents rapports, s'était retiré à Paris[3]. Nous
le trouvons comme témoin de son compatriote Rastrelli
pour une affaire concernant le monument de Saint-Merri.
Il n'est pas téméraire de croire que l'intrigant Atto présenta le sculpteur à des amis et lui prépara sa carrière cos-
mopolite.

Rastrelli se mit à l'œuvre sous ces étranges auspices au
début de l'année 1703. Il modela une maquette qu'il
présenta à Madame de Pomponne dans la chapelle
même.

Trois arcades de marbre blanc veiné servent de base au
monument. Sur ce soubassement se détachent le blason
des Arnauld et une mort de bronze doré soufflant dans la
trompette de la gloire. Au-dessus des arcades règne une
corniche de marbre rouge à demi recouverte d'un rideau
de marbre vert soutenu par un cordon de bronze doré et
par trois enfants de marbre blanc dont l'un tient un flambeau allumé. Les plis relevés découvrent un sarcophage
de marbre rouge et noir sur lequel sont jetés un drap de

---

1. Sur Atto Melani et ses louches intrigues, voir deux notes de
Ch. Gérin, *Louis XIV et le Saint-Siège*, t. I, p. 274 et t. II, p. 240. Il
était originaire de Pistoie et familier des Rospigliosi. Cf. aussi Eitner,
Quellen-Lexikon der Musiker, t. VI, p. 430.

2. Voir la correspondance du duc d'Estrées avec Pomponne en
1677 à ce sujet (*Arch. des Aff. Étrangères, Rome*, t. 251, fol. 156 et 192,
t. 252, fol. 74). *Gallia Christiana*, t. XI, col. 304.

3. Il vivait encore en 1707, date à laquelle il adressait au roi un
mémoire « sur les moyens de parvenir à la paix » dont l'original est
aux *Arch. des Aff. Étrang., France*, t. 307.

marbre jaune et un livre ouvert. Trois figures symbo-
liques complètent le monument. La Tempérance tient un
médaillon sur lequel on voit le profil de M. de Pomponne ; la Religion soulève un calice d'or entouré de
rayons ; la Prudence est assise sur la corniche haute.
Près d'elle joue un enfant qui semble montrer du geste,
aux passants, le sépulcre du grand homme.

Ce projet n'agréa qu'à moitié à Madame de Pomponne.
Elle imposa à Rastrelli des modifications considérables
dont son notaire minuta le détail. Elle débarrassa les
arcades d'un vase de bronze dont Rastrelli voulait encore
les encombrer. Le sculpteur dut aussi s'en tenir rigou-
reusement au marbre noir pour le sarcophage. La vertu
de tempérance ne lui semblant sans doute pas convenir
au défunt [1], la Force fut chargée de tenir le médaillon.
Les proportions ne furent plus les mêmes. La mort de
bronze devint plus grande et la Prudence que Rastrelli
avait représentée peu vêtue fut reléguée très haut
afin qu'elle offensât moins les yeux du pudique specta-
teur.

L'exécution commença aussitôt. Sur le prix d'ensemble
fixé à 15.000 livres, Rastrelli en reçut 1.600 à titre
d'acompte en 1703. Des mensualités devaient lui être
versées jusqu'au terme de deux ans fixé pour le parfait
achèvement de l'œuvre. En fait, les versements furent
tantôt plus fréquents, tantôt plus importants. Claude
Prailly, intendant de la marquise [2], fut assiégé par les
créanciers du sculpteur. Il dut payer diverses sommes
tant au doreur, au fondeur, au polisseur de marbres,
qu'à la dame Catherine Trigallot, veuve de Michel Jollin,
marchand de vins à Paris. Rastrelli, devant cet amas de

---

1. On sait comment Pomponne mourut, suivant Saint-Simon :
« Il mangea un soir du veau froid et force pêches. Il en eut une
indigestion qui l'emporta en quatre jours» (*Mémoires*, éd. BOISLISLE,
t. VI, p. 351).

2. Prailly, bourgeois de Paris, était l'homme de confiance des
Pomponne (cf. DELAVAUD, p. 151 et 345).

saisies-arrêts dont le dossier du Fayel est encore rempli, eut à se contenter des restes [1].

En 1706 le public fut admis à voir le monument. Madame de Pomponne, malgré les maladies qui la condamnaient à l'immobilité [2], voulut faire de la chapelle familiale un cadre digne de ce chef-d'œuvre.

Rastrelli fut chargé d'exécuter le « revêtement des piliers de la chapelle [3] » et le contre-table de l'autel [4] pour entourer *l'adoration des bergers* de Pierre d'Ulin, élève de Le Brun [5]. L'architecte Delapierre Mallerot, collaborateur habituel de Girardon, fut employé à recouvrir les parois et la voûte d'ouvrages décoratifs [6]. Selon G. Brice, Gilles-Marie Oppenordt aurait participé [7] à cet habillage des

1. Cf. Appendice III.

2. DELAVAUD, p. 251.

3. DELAVAUD, p. 259.

4. Dans la liste des dettes de Madame de Pomponne dressée à sa mort, on lit : « Au sieur Rastelly, pour reste du marché du contre-table de Saint-Médéric, 4.400 livres » (*Arch. Nat.*, E 1965 ; DELAVAUD, p. 259). M. Delavaud fait erreur en pensant que cette mention s'applique à un reliquat du prix du tombeau (p. 226). Furetière définit le mot *contre-table* : « Terme d'architecture. C'est dans la décoration d'un autel le fond en forme de lambris où l'on met un tableau... contre lequel le tabernacle est adossé ».

5. La même liste de dettes porte : « Au sieur Dullin, peintre, pour le tableau de la chapelle, prix fait, 500 livres ». C'est [DESALLIERS D'ARGENVILLE] dans son *Voyage pittoresque de Paris* (éd. 1778, p. 189) qui indique le sujet du tableau : « Sur l'autel, d'Ulin a peint N.-S. adoré par les bergers ». Sur Dulin ou d'Ulin, cf. DELAVAUD, p. 344.

6. Une quittance citée à l'appendice III nous l'apprend. Le *Mercure de France* a donné en juin 1735 (p. 1183) une intéressante liste des œuvres de Delapierre Mallerot où est signalée « la chapelle de M⁰ˢ de Pomponne à Saint-Merri ». Ce même document donne Mallerot comme auteur de la partie architecturale du cénotaphe de Barbier du Metz par Girardon dans l'église paroissiale de Gravelines (cf. DEHAISNES, *Le Nord Monumental*, p. 192 et pl. XCIV).

7. « L'autel de cette chapelle qui est orné d'un ouvrage d'architecture est du dessin de Gilles Marie Openort » (G. BRICE, *Description nouvelle de la ville de Paris*, éd. 1706, t. I, p. 318). Pour admettre cette affirmation il faudrait supposer une collaboration de Rastrelli avec Oppenordt. G. M. Oppenordt, surnommé le Borromini français, d'une famille originaire de Gueldres, naquit à Paris en 1672 et y mourut en 1742 après avoir été premier architecte du régent.

vieux murs de Saint-Merri. Enfin, pour qu'un jour clair illuminât le mausolée, Madame de Pomponne abattit les anciens vitraux et les remplaça par des vitres incolores portant au centre un blason peint [1]. Elle interdit aussi à la fabrique, qu'elle dota d'une riche fondation de messes, « de faire rien qui puisse ôter le jour ni la vue du mausolée en toute son étendue » [2].

Après avoir clos solennellement la chapelle par une grille de fer forgé, Madame de Pomponne mourut et son corps reposa sous les marbres de Rastrelli [3]. C'est alors seulement que fut mise en place la longue inscription funéraire dont le texte ampoulé nous a été conservé [4].

A représenter fidèlement la chapelle de Saint-Merri on comprend à peine comment les bronzes, les marbres, les plâtres travaillés par une pléiade d'artistes ne débordaient pas un espace aussi restreint. Un Flamand, un Italien, des Français collaborèrent : mais, par un plaisant caprice de la destinée, c'est bien l'art romain qui est appelé à glorifier les Arnauld. Cet entassement paradoxal rappelle les églises d'outre-Alpes. Plutôt que de décrire ce fastueux monument n'aurait-il pas suffi d'inviter le lecteur à feuilleter le récent ouvrage de M. Corrado Ricci sur le style baroque ? On retrouve :

I marmi e l'oro onde il sepolcro splende

dont Pasquin riait [5]. Sans aucun doute Rastrelli travaille

---

1. Appendice III. Au cours du siècle les marguilliers détruisirent pareillement la plupart des vitraux de l'église (BALOCHE, *op. cit.*, t. II, p. 426).

2. Conditions acceptées par la fabrique dans son assemblée du 29 août 1706 (DELAVAUD, p. 228).

3. Elle mourut le 31 décembre 1711.

4. Notamment par PIGANIOL DE LA FORCE, *Descript. histor. de la ville de Paris*, éd. 1765, t. III, p. 456.

5. A propos du tombeau de Clément XII.

d'après le canon des tombiers romains. Les angelots nus
de Saint-Merri gambadent déjà sur le tombeau de Clément X ; la mort dorée agite ses bras décharnés devant
la statue d'Alexandre VII. La figure symbolique tenant
un médaillon gesticule au tombeau des Falconieri à
Saint-Jean-des-Florentins.

Ces allégories hautes de plusieurs palmes dont la chair
polie et pleine déborde des draperies envolées, ces cor-
niches et ces colonnes de jaspe, de basalte, de vert
antique ou de porphyre envahissent l'Europe entière,
grâce à Borromini plus encore qu'à Bernin, — en même
temps que se répand la coutume de représenter le profil
du défunt en marbre dans un médaillon [1].

L'Italie se complut pendant une grande partie du
xviiie siècle, avec Rusconi et ses pâles élèves, à cet art qui
naquit chez elle [2]. En France, au contraire, dès le début du
siècle, on saisit les indices d'une réaction contre le goût
italien. Les artistes se défendent du maniérisme comme
d'un reproche déshonorant, pour prêcher l'harmonie de
l'ensemble et la simplicité des détails. Aussi le tombeau de
Pomponne fut-il jugé avec sévérité [3]. En 1706 Germain
Brice écrivait : « A côté du chœur... on a construit un
tombeau pour Simon Arnauld, marquis de Pomponne.
La chapelle où ce monument se trouve est fort serrée et
la quantité d'ornemens et de figures que l'on y a employées

---

1. Cf. K. ESCHER. *Barock und Klassizismus*, p. 117.

2. « Rome manque de sculpteurs », écrit Poerson à d'Antin en 1715.
(*Corresp. des direct. de l'Acad. de France*, t. IV, p. 412). Les élèves de
Rusconi émigraient à l'étranger (*ibid.*, p. 414).

3. Il est très curieux de constater que les précurseurs de la lutte
contre le maniérisme et les champions de la simplicité furent généralement des Français (voir à ce sujet d'excellentes pages du récent
livre de M. Louis HAUTECŒUR, *Rome et la renaissance de l'Antiquité*,
p. 114, 185 et suiv.). Au contraire, jusqu'à Canova, le baroque resta
à la mode en Italie ; l'extraordinaire tombeau de la princesse Chigi
à Sainte-Marie du Peuple par Agostino Penna offre un modèle du
genre, et cependant il est de la fin du xviiie siècle. La raison de
cette résistance aux idées nouvelles est que le style baroque en Italie
est vraiment *national*, à cette époque.

ne produisent pas tout l'effet que l'on pourroit désirer. Cet ouvrage est de Rastrelli italien, lequel y a fait connoître le goût moderne de son pays, fort éloigné et fort différent de celuy des Michel-Anges et des vieux maîtres [1] dont les nouveaux s'éloignent trop » [2]. Voilà l'écho du cri d'alarme que Rapin et Boileau avaient jeté dans les lettres contre le clinquant du Tasse et les faux brillants du cavalier Marin [3]. On saisit chez Germain Brice les origines de la théorie académique que les classiques feront triompher à la fin du siècle. Dans une édition postérieure, il brusqua ses attaques [4]. Sous l'influence ambiante de Bouchardon le puriste, Piganiol de la Force en vint à décocher ce trait : « Rastrelli apparemment a fait le morceau pour désabuser ceux qui croient que la sculpture est aussi florissante en Italie qu'elle l'a été autrefois » [5].

Le jour viendra où le président de Brosses confondra dans une même algarade le « goût gothique » et le « ridicule baroque » et ces « chefs-d'œuvre puérils » pour lesquels il garde cependant une tendresse furtive [6], où Diderot critiquera le « galimatias de personnes vraies et d'êtres imaginaires ; compositions dignes de temps gothiques et non des nôtres » [7]. Le classicisme naissant est très loin d'avoir balayé toutes les résistances. Les juges sévères du tombeau de Pomponne sont, en quelque sorte, des novateurs.

Madame de Pomponne, la première, n'a pas l'esprit formé

1. Par là il faut sans doute entendre les anciens Romains.

2. G. Brice, *Descript. de Paris*, éd. 1706, t. I, p. 318.

3. Sur la résistance parallèle des Français à l'italianisme en littérature, on peut voir Maugain, *L'évolution intellectuelle de l'Italie de 1657 à 1750*.

4. Dans l'édition de 1725 (t. II, p. 25) : « Rastrelli... a fait voir en cette occasion le goût moderne *et corrompu* de son pays ».

5. *Descript. de Paris*, éd. 1742, t. III, p. 315. *Le voyage pittoresque de Paris* [par Desalliers d'Argenville], éd. 1778, p. 470, se borne à qualifier Rastrelli de « sculpteur peu estimé ».

6. Ch. de Brosses, *Lettres*, t. II, p. 118.

7. Diderot cité dans Charles-Nicolas Cochin, *Mémoires inédits*, p. 108, note.

aux théories du Beau Idéal. Elle continua à favoriser Rastrelli[1]. Pas plus qu'elle, les marguilliers de Saint-Merri n'étaient offusqués par la polychromie et par le maniérisme, plus flatteurs aux regards que la simplicité austère. Ils livrèrent les murs de leur église et les clefs de leurs coffres à la tribu entière des Slodtz — nombreuse, autoritaire et tout imbue d'italianisme[2].

Italiens et Français italianisants jouirent donc dans la paroisse parisienne d'une indépendance sans entraves. L'œuvre de Rastrelli fut — à tout prendre — secondaire, mais elle est importante car elle marque les débuts de la carrière d'un artiste qui eut influence et renommée. Les archives du Fayel fournissent les uniques documents connus sur ses premiers travaux.

Peu après avoir terminé la chapelle, il fut mis en rapports avec les agents du tzar. Pierre le Grand voulait rendre Saint-Pétersbourg digne d'être sa capitale et donner à la Russie des arts aussi bien qu'une armée et une diplomatie. Rastrelli, se trouvant à Paris, entra en relations avec

1. Voir plus haut, p. 15, sa seconde commande à l'artiste.
2. Sébastien, Paul-Ambroise et René-Michel Slodtz y travaillèrent pendant près de dix ans, depuis 1748, et y firent la chaire, l'autel et la chapelle de la communion (BALOCHE, *op. cit.*, t. I, p. 537 et 572, t. II, p. 440). Ils régnaient dans l'église en souverains. « Je me souviens, écrit Ch.-N. Cochin, de la colère où Paul Slodtz fut contre Pigalle à qui M. Boffrand, architecte, voulut procurer quelques bas-reliefs à Saint-Méry où P. Slodtz se prétendoit le sculpteur habitué. Il réclama abondamment contre Pigalle et fit pour ce petit ouvrage tous les mouvemens qu'il auroit pu faire pour quelque chose de bien considérable; il l'emporta car il avoit surtout l'attention de se faire des amis chez les marguilliers des paroisses. Ces bonnes gens sont ordinairement très étrangers aux arts et les regardent comme une sorte de commerce où chacun peut également fournir du bon et ainsi ils se croient bien fondés à préférer leurs amis » (*Mémoires*, p. 131). Le tombeau de Languet de Gergy par P.-A. Slodtz à Saint-Sulpice qui excita les railleries de Bouchardon (*ibid.*, p. 91) a de grandes ressemblances avec celui de Pomponne.

Lefort. Ils conclurent une convention, le 19 octobre 1715, aux termes de laquelle Rastrelli s'engageait à fournir au tzar, fontaines, figures en cire, argile et fonte, architecture, décors et machines pour la comédie. Il devait aller en Russie avec son fils et un élève au traitement de 1.500 roubles par an [1].

Avant de partir il reçut une avance de 375 roubles mais laissa prudemment sa femme en France. Il la fit venir à Saint-Pétersbourg deux ans après, en même temps qu'il réglait avec Zotov l'expédition de marbres et d'albâtres italiens [2].

L'ancien ami d'Atto Melani, le pauvre hère dont les dettes criardes avaient donné tant de soucis à la bonne Madame de Pomponne, devint un personnage de marque, sculpteur impérial. S'il garda des manières un peu brusques — l'architecte de Peterhof, Lefort, l'accusa d'assassinat [3] — le Toscan francisé devint l'artiste ordinaire de la cour et des ministres. On peut juger aujourd'hui de ses réels mérites. C'est un masque à la grande cascade de Peterhof (1723) [4]; la même année une agréable statuette de Neptune [5]; en 1724 un buste de Pierre le Grand en bronze [6]. A la mort du tzar, sa veuve Catherine Ire le chargea de composer pour son époux un projet de catafalque. Quelques

---

1. Le contrat se trouve aux *Archives d'Etat à Saint-Pétersbourg, série IX, livre* 25. L'analyse de ce document inédit m'a été communiquée, ainsi que tous les renseignements concernant la période russe de B. Rastrelli, par M. Denis Roche qui prépare un livre du plus haut intérêt sur les artistes français en Russie, pour remplacer l'ouvrage de Dussieux.

2. Voir une lettre de l'agent de Pierre le Grand, Zotov, du 2 mars 1716 (*Arch. d'Etat, série IX, livre* 27).

3. Le 19 septembre 1716, Leblond écrit à Pierre le Grand pour dénoncer Rastrelli qu'il accuse d'avoir voulu le faire tuer (*Arch. d'Etat, ibid.*).

4. Igor Grabar reproduit en phototypie la plupart des œuvres de B. Rastrelli dans son *Histoire de l'Art russe* (en russe), 9e fascicule, 1911. Il donne p. 42-43 une bibliographie.

5. Collect. du comte Strogonof.

6. 1724, au palais d'Hiver.

années après, le généralissime prince Menchikof, favori
de l'impératrice, lui commanda son portrait en marbre [1].
L'œuvre principale reste toujours l'image en pied plus
grande que nature de l'impératrice Anna Ivanovna à qui un
heiduque présente la couronne [2]. Avec une réelle maîtrise
Rastrelli a su faire rendre au bronze l'aspect imposant de
cette femme cruelle et luxueuse, vêtue d'étoffes pesantes et
de massives pierreries. Les dernières productions connues
du sculpteur furent la statue équestre de Pierre le Grand
qui domine la place des Ingénieurs (1743) et le médaillon
en plomb de la tzarine Elisabeth Petrovna [3]. Il mourut en
1744 laissant un fils Carlo dont la renommée en Russie
comme architecte fut immense.

La France fut moins respectueuse que la Russie. Aujour-
d'hui la chapelle de Saint-Merri est vide et il ne reste plus une
seule pierre du tombeau de Pomponne. En 1793 on disait
encore les messes fondées par la famille [4] mais en floréal
an II le tombeau fut renversé [5]. Les modernes ont achevé
le saccage en couvrant les murs de fresques médiocres [6].

Par une loi fatale, les ossements des Arnauld n'ont
pas trouvé le repos dans la mort. *Tandem requiescant...*

1. Au palais d'Hiver. Igor Grabar date ce buste de 1729 (p. 50).
Ce doit être une erreur car Menchikof fut disgracié en 1727 (A. RAM-
BAUD, *Histoire de la Russie*, p. 421).

2. Au musée Alexandre III. On peut juger par la reproduction de
GRABAR, p. 51, de son allure étonnante.

3. Au palais des Armures à Moscou.

4. BALOCHE, *Histoire de Saint-Merri*, t. II, p. 79. L'*Almanach pari-
sien* de 1791 signale encore le tombeau parmi les curiosités de
Paris.

5. Je donne cette affirmation sous réserves. Il semble très probable
d'après les documents publiés au t. II, p. 93, par M. Baloche que cette
date doit être exacte.

6. Fresques de M. H. Lévy (1878) représentant l'histoire de saint
Denis (*ibid.*, p. 451).

avait-on gravé sur une dalle de l'église de Palaiseau
qui recouvrait les cercueils exhumés à Port-Royal [1].
L'épitaphe exprimait un espoir trompeur. Que ce soit à
Palaiseau, à Saint-Merri, à Port-Royal ou à Sainte-Catherine de Bruxelles [2], partout, les restes des Arnauld ont été
dispersés. Leurs cendres se sont confondues avec la terre
sur laquelle Saint-Merri a assis ses fondations et les pompes
fragiles de Rastrelli se sont évanouies. En soulevant le
dallage banal de la chapelle, un fidèle port-royaliste trou-
verait peut-être l'un de ces os qui opéraient des miracles
et laissaient une brûlure prodigieuse aux mains des con-
vulsionnaires [3].

CLAUDE COCHIN.

---

1. [GUILBERT], *Mémoires histor. et chronol.*, t. VI, p. 294. GUILHERMY
et LASTEYRIE, *Inscript. de la France*, t. III, p. 353.

2. M. André Hallays n'a pas trouvé trace du caveau à Palaiseau
(*Le pèlerinage de Port-Royal*, p. 86). On aimerait à le voir continuer
ses pittoresques pèlerinages jansénistes en parlant de Saint-Merri et
aussi de Sainte-Catherine de Bruxelles où la tombe du grand Arnauld
a disparu (il y fut inhumé le 9 août 1694, [LARRIÈRE], *Vie d'Arnauld*,
éd. in-8°, t. II, p. 451). Je me permets d'exprimer ici ce vœu.

3. Cf. [GUILBERT], *Mémoires histor. et chronol.*, t. VIII, p. 522,

PIÈCES JUSTIFICATIVES [1]

I

[Vers 1729]

Extrait des titres d'une chapelle de St Méry appelée vulgai-
rement chapelle de Pomponne, dont moitié en appartient à
Monsieur l'abbé de Pomponne à cause de sa maison rue de la
Verrerie, l'autre moitié au sieur Branlard comme étant aux
droits de Madame la marquise de Castilly, fille de Marie
Aubery, marquise de Roucy, qui étoit fille de Marie Pinon, qui
lui a vendu sa maison avec le droit de chapelle, laquelle maison
est joignante celle de Monsieur l'abbé de Pomponne.

PREMIÈREMENT

Un contrat en parchemin en date du 6 avril 1544, passé
devant Charles Maheu et Pierre Montigue, notaires à Paris, par
lequel Messieurs les marguilliers St Méry ont vendu a M[re]
Pierre Chevallier, seigneur d'Eprune et du Tartre, notaire
secrétaire du roy, greffier en sa chambre des comptes et à
Marie Guillard, sa femme, pour eux, leurs hoirs et ayant cause
en ligne directe et collatérale une chapelle à St Méry encommencée
et prête à faire de neuf du côté de la rue de la Verrerie à main
dextre, faisant le cinquième autel dont le premier est l'autel
Notre Dame ; dans laquelle chapelle pourront ledit sieur Che-

---

1. Ces documents forment à proprement parler le dossier de la chapelle
qui fut conservé par Madame de Pomponne et qui a passé ensuite, par
héritage, au Fayel. La chemise de ce dossier, séparée de son contenu, porte
cette note : « Resté entre les mains de M. Prailly, chargé d'acquitter le prix
du marché ». Elle a été seule connue par M. Delavaud, p. 344.

valier et Marie Guillard, sa femme, y entendre l'office, faire célébrer des messes, faire mettre des bancs, apposer leurs armes, y faire caveaux, pour quoi ledit Chevalier a payé à la fabrique la somme de trois cent livres et plusieurs maisons qu'il a encore données pour construire ladite chapelle.

2

Un contrat par lequel les sieurs Guy d'Arbalestre, vicomte de Melun, François et Charles d'Arbalestre, seuls héritiers du sieur Chevallier et de Marie Guillard, sa femme, ont fait échange de leur maison sise rue de la Verrerie joignant celle de M. Marion, avec le droit de chapelle. Le contrat passé par devant Pierre Mollet et Firmin Favonier, notaires à Paris, le 15 mars 1595.

3

Un contrat devant Hierosme Megret et Antoine Desnotz, notaires à Paris, le 21 septembre 1595, par lequel Messieurs les marguilliers de St Méry approuvent et ratifient le contrat d'échange fait ci-dessus au sieur Marion par les sieurs d'Arbalestre tant de ladite maison que du droit de chapelle, ses hoirs ayant cause tant en ligne directe que collatérale, de même qu'en ont joui le sieur Chevalier et Marie Guillard, pour quoi le sieur Marion a payé à la fabrique vingt écus.

4

Est un partage passé devant Dupin et Turmenyes, notaires à Paris, le 6 novembre 1605, entre Mre Simon Marion, maître des requêtes et Mre Antoine Arnauld, avocat en Parlement et demoiselle Catherine Marion, sa femme, de tous les biens des successions de defunt Mre Simon Marion, conseiller d'Etat et demoiselle Catherine Pinon, sa femme, par lequel il est stipulé que le droit de la chapelle de St Mery appartiendra en commun aux deux maisons sises rue de la Verrerie joignant l'une de l'autre.

5

Un contrat passé devant Groin et son confrère, notaires à Paris, le 27 mars 1640, par lequel Mre Claude Marion, sr de Druy et François Marion, enfans du feu s^r Simon Marion, contrôleur général des finances et de feu Magdeleine de Montescot, leurs père et mère, et encore ledit sieur Simon Marion, héritier seul par bénéfice d'inventaire du dit feu sieur Simon Marion son père qui étoit avec défunte Catherine Marion sa sœur, femme du dit sieur Antoine Arnault, avocat, héritier seul pour le tout de défunt s^r Simon Marion, avocat général et de défunte dame Catherine Pinon, son épouse, leurs père et mère lesquels ont vendu à Nicolas Bertaut [1] leur maison sise rue de la Verrerie avec moitié du droit de chapelle en question sise à S. Merri.

6

Une adjudication faite en l'assemblée des créanciers du sieur Bertaut de la maison ci-dessus à dame Marie Pinon avec le droit de chapelle du 9 juin 1654.

7

Donation faite le 6 mars 1657 par dame Marie Pinon à dame Marie Aubery, marquise de Roucy, sa fille, en avancement d'hoirie, de la maison ci-dessus avec le droit de chapelle.

Madame la marquise de Castilly est seul héritier de dame Marie Aubery, marquise de Roucy, sa mère.

(Archives du Fayel).

---

1. L'incorrection de ce document empêche de savoir s'il faut lire Bertaut ou Berlaut.

II

16 juillet 1703 — 16 avril 1707.

Acte notarié concernant l'exécution du tombeau de Pomponne.

Devis des ouvrages et fournitures de marbre, bronze, dorure et autres qu'il convient faire pour le tombeau de M. de Pomponne en sa chapelle de l'église S. Médéric de cette ville, suivant le modèle.

Les armes seront de marbre blanc veiné et la couronne de bronze doré, le chevron, les palmes et le rocher de bronze doré ; les feuillages qui sont autour seront aussi de bronze doré comme on le voit dans le modèle estant en la dite chapelle.

En marge de l'article est escrit [1] : *L'on diminuera les armes.*

Le grand rideau sera de marbre vert campan, les franges d'or et le cordon de bronze doré comme au modèle.

L'architecture sera de marbre blanc veiné qui formera trois arcades, le vase de dessus jetant des flames de bronze et les flames de bronze doré suivant le modelle.

En marge de l'article cy-dessus est escrit :

Le vase inutile ; il faut l'oster.

Les trois enfans qui tiennent le rideau seront de marbre blanc et le flambeau que tient un de ces trois enfans sera de bronze et les flames de bronze doré comme au modelle.

Le fond des trois arcades sera de marbre noir et le dessus de l'architecture aussy de marbre noir comme le modelle.

Le tombeau sera de marbre noir et rouge de Lanquedocq et l'endroit de l'inscription de marbre gris et les lettres d'or.

Et en marge de l'article cy-dessus est escrit :

Le tombeau sera tout de marbre noir et sy l'on met une inscription ce sera sur le marbre noir qui sera fait en tombeau, laquelle inscription sera faite par l'entrepreneur.

---

1. Le notaire recopie le devis primitif portant en marge les observations de Madame de Pomponne que nous soulignons pour la commodité du lecteur.

La patte de lion qui soutient le tombeau sera de bronze et le feuillage qui est dessus le tombeau sera de bronze doré comme le modèle.

Le drap qui est dessus le tombeau sera de marbre jaune avec des franges d'or et le livre qui est dessus de marbre blanc comme le modèle.

En marge de l'article cy-dessus est escrit :

. Sera mis un rouleau au lieu du livre.

La demie figure qui est dessus le tombeau représentant la tempérance et tenant le portrait de M. de Pomponne sera de marbre blanc et la tasse qu'elle tient de l'autre main sera de bronze doré et la coquille dans laquelle elle répand de l'eau sera de bronze doré comme le modèle.

En marge de l'article cy-dessus est escrit :

Les attributs de la force seront donnez à cette figure au lieu de ceux de la tempérance et sera observé de faire passer un pied de cette figure au bout du tombeau.

Le portrait sera de marbre blanc et la bordure de bronze comme le modèle.

En marge de l'article cy-dessus est escrit :

Cette médaille sera augmentée de quatre poulces au moins en circonférence.

La figure de la religion sera de marbre blanc et le calice qu'elle tient à la main de bronze doré, les rayons de bronze doré avec l'hostie de bronze argenté comme le modèle.

La figure qui représente la prudence assise sur la corniche sera de marbre blanc ; les serpens qui entortillent son bras seront de marbre vert et le miroir qu'elle tient sera de bronze en partie doré comme le modèle.

En marge de l'article cy-dessus est escrit :

Cette figure sera un peu plus élevée que dans le modèle afin qu'elle soit plus décente.

Le petit enfant qui est sur la corniche montrant le tombeau sera de marbre blanc comme le modèle.

En marge de l'article cy-dessus est escrit :

Il sera un peu plus poussé vers la religion.

La corniche sur laquelle est posé le tombeau sera de marbre rouge de Languedoc comme le modèle.

En marge de l'article cy-dessus est escrit :

La gorge sera descendue un peu plus bas.

La mort qui est dessous le tombeau sera de bronze, la trompette et la torche de bronze et les flammes d'or et le ruban qui la lie sera de bronze doré comme au modèle. Un petit drap posé sous la tête de mort sera de marbre noir avec les ornemens de bronze doré.

En marge de l'article cy-dessus est escrit :

La teste de mort sera grossie et le drap qui est trop petit sera augmenté à proportion.

L'architecture, les pilastres et les chapiteaux seront de marbre rouge de Languedoc.

Par devant les notaires au Chastelet de Paris soussignez fut présent sieur Barthélemy Rastrelli, sculteur florentin, demeurant à Paris, place de Vendosme, parroisse S. Roch, lequel a fait marché et promis à haute et puissante dame Catherine Ladvocat veuve de haut et puissant seigneur messire Simon Arnauld de Pomponne, chevalier, marquis dudit Pomponne, ministre et secrétaire d'état et surintendant général des postes de France, demeurante en son hostel place des Victoires, parroisse St Eustache, à ce presente et acceptante, de faire et parfaire, bien et deuement, comm' il appartient au dire d'experts et gens à ce connoissans, tous les ouvrages mentionnez au devis cy-dessus, pour la construction du tombeau dudit feu seigneur de Pomponne en sa chapelle estant en l'église de St Médéricq de cette ville. Le tout suivant et conformément au modelle que ledit sieur Rastrelli en a fait en ladite chapelle, à la place duquel ledit tombeau doit estre élevé, à la réserve seullement des changemens et augmentations mis en marge dudit devis que ledit sieur Rastrelli promet pareillement faire et parfaire bien et deuement, comme dit est, les ayans pour cet effet paraphez, le tout finy et terminé suivant l'art de sculpture et architecture, sujet à visite et réception par personne experte dans ces professions et de fournir à ce sujet tous les marbres, bronzes et dorures, peines d'ouvriers, eschaffaudages, plastres, fers et autres choses nécessaires et convenables pour la construction dudit tombeau et le mettre en place, le tout à ses frais et dépens, en sorte que ledit tombeau soit entièrement fait et parfait, posé et élevé bien et deuement, comme dit est, dans deux ans de ce jour, à peine de tous dépens, dommages et interests. Ce marché ainsy fait à forfait moyennant la somme de quinze mil livres, à laquelle les parties sont convenues pour toutes choses généralement quelconques, y compris ledit modelle, sur laquelle somme ledit sieur Rastrelli reconnoist avoir receu de ladite dame de Pomponne en différentes fois celle de mille une livres huit sols, suivant ses quittances que ladite dame luy a présentement rendues comme nulles, plus ladite dame luy a présentement payé, et d'elle confesse avoir receu la somme de six cent livres dont quittance. Sur le surplus desdits quinze mil livres, ladite dame de Pomponne promet et s'oblige d'en payer audit sieur Rastrelli deux cent livres de mois en mois, tant qu'il travaillera ausdittes ouvrages et à l'esgard du restant desdittes quinze mil livres ladite dame de Pomponne promet et s'oblige pareillement le payer audit sieur Rastrelli après l'entière perfection desdittes ouvrages, dès qu'ils auront été posez et mis en place et iceux receus par ladite dame de Pomponne ou personne qu'elle commettra à cet effet bien et deuement, comme dit est. Et pour l'exécution des présentes les parties ont esleu leurs domicilles en leurs demeure et hostel susdesignez, ausquels lieux ils veulent et consentent que tous exploits et actes de justice qui y seront fais et donnez soient bons et valables nonobstant changement de demeures. Promettant et obligeant et renonçant... etc.

Fait et passé à Paris en l'hostel de madite dame de Pomponne le seizième jour de Juillet mil sept cens trois, après-midy, et ont signé la minute des présentes demeurée en la garde et possession de Caillet, notaire.

GUÉRIN,   CAILLET.

Scellé ledit jour.

Sceau de papier.

Ledit sieur Barthélemy Rastrelly a, en la présence de Mr Atto Melany, cy-devant abbé de Beaubec, demeurant rue des petits-champs, parroisse S. Eustache, et de Mr Mathieu Rady, bourgeois de Paris, demeurant rue du Temple, parroisse S. Nicolas des Champs, procédant tant en son nom que comme se faisant fort de Michel Racine, escuyer, par lequel il promet de faire entretenir les présentes, confessé avoir receu de ladite dame de Pomponne par les mains de Me Claude Prailly, son intendant, à ce présent, la somme de quinze cent treize livres pour le reste et parfait payement de tous les ouvrages qu'il a fait et fourny pour ladite dame en exécution des devis et marché cy-dessus dont il est content et en quitte ladite dame ainsy que lesdits sieurs susnommez présens à la présente quittance. Promettant... etc.

Fait et passé à Paris ès études desdits notaires le seize avril mil sept cent sept, après-midy, et ont signé la minutte des présentes estant ensuitte de celle cy-devant escritte. Le tout demeuré audit Caillet, l'un des notaires soussignez.

BRIDOU.   CAILLET.

(Archives du Fayel.)

III

Analyse d'une liasse de quittances contenue dans le dossier
de la chapelle.

Quittances du sculpteur. — Série de quittances originales si-
gnées de Rastrelli délivrées au fur et à mesure des paiements.
Elles sont reliées ensemble et forment un cahier. La première
est datée du 18 août 1703. Elles ont peu d'intérêt, étant très
sommaires. Je note cependant, le 6 février 1706, une quittance
de cent livres à Mme de Pomponne « pour donner au doreur. »
Le 24 mars 1705, Rastrelli reconnait, avec une orthographe
bizarre, avoir « reçu de Me de Pomponne a conte sur ledit
ouvrage du mosollé, compris une billiet qu'elle m'a voulu (*sic*),
que j'avois donné à M. le Mis de Pomponne pour un chevalle
qu'il m'avoit vendu ». La quittance du 3 avril 1705 contient
une allusion à « De La Pierre Mallerot qui fait l'architecture du
tombeau ».

Quittances du fondeur. — « Pierre Marinier, maistre et mar-
chant chaudronnier à Paris, demeurant rue basse Nonnain,
parroisse S. Nicolas des Champs » donne quittance à Mme de
Pomponne le 6 août 1706 de 200 livres à lui dues par B. Rastrelli pour « un chevron, une palme, une roche et une couronne faisans le blazon de M. de Pomponne, un serpent, un
miroir garny d'un cartouche, un calice et un nom de Jésus
entouré de rayons, un flambeau, une bordure entourée de
palmes, une pate à grifes de lyon ». — Trois autres quittances
du même, de 70 livres 6 sous (14 mai 1706), de 170 livres
(19 juillet 1706) et de 200 livres (30 septembre 1706).

Quittances du maçon et du charpentier. — Marc Marchand,
maître maçon à Paris et Paul Poisson, maître charpentier ordinaire du roi, demeurant à la Ville-Neuve, paroisse N.-D. de
Bonne-Nouvelle, donnent main-levée à Mme de Pomponne de la
saisie-arrêt qu'ils avaient faite entre ses mains contre Rastrelli
(7 juillet 1706).

Quittance du serrurier. — Même main-levée de saisie-arrêt
portée contre « le sieur Barthélemy Rastrelly, sculteur du roy [1] »
par Pierre Hamelin, marchand serrurier, demeurant rue de la
Verrerie (15 février 1707).

Quittance des vitriers. — Quittance de 70 livres donnée à
Mme de Pomponne par le sieur Sergent pour « le vitrage neuf
que j'é fait à la chapelle de S. Médéric où est le mausaullée de
défeun Mgr de Pomponne (26 février 1706) ». Même date, quittance de Michu à la même « pour deux panneaux d'armes
peintes sur verre pour sa chapelle de S. Merry ».

Quittances diverses. — Main-levée de Catherine Trigallot,
veuve de Michel Jollin, marchand de vin à Paris, le 5 février 1707.
La saisie-arrêt avait été signifiée par elle à Rastrelli « chevalier
de S. Jean de Latran de Rome, sculpteur du roy » par exploit
du 22 Mai 1706. — Main-levée analogue donnée à Mme de Pomponne par « Françoise Petit, maistresse des arts de peinture,
sculpture et dorure demeurante rue S. Denis, parroisse
S. Sauveur » (30 septembre 1706).

Quittance donnée par Rastrelli à Prailly le 28 février 1706 pour
sommes reçues par lui. Voici ce texte, de la main de Prailly :

Le dernier décembre 1703	294 l. 18
Le 10 mai 1704	345 l.
Le 19 septembre 1704	50 l.
Le 12 février 1705.	30 l.
Le 23 juillet 1705.	50 l.
Le 23 août 1705	39 l.
Le 27 février 1706.	30 l.
Pour des frais	3 l. 14
Pour Venise.	1 l. 17
Le 21 juin donné à M. Rastrelly, 3 escus	11 l. 2
TOTAL.	855 l. 11

Madame a paié pour avoir gratté et blanchi la chapelle de
S. Merry, 49 l. 5.

---

1. Ce document et l'un des suivants sont les seuls où R. soit qualifié de
sculpteur de roi.